MODERADITOS

Diego S. Garrocho es profesor titular de Ética y Filosofía Política en la Universidad Autónoma de Madrid, donde coordina el Máster en Crítica y Argumentación Filosófica y ejerce como vicedecano de Investigación. Es autor de diversos ensayos y de numerosas publicaciones científicas. Garrocho, además, ha mantenido una intensa relación con el periodismo. Fue jefe de Opinión y adjunto a la dirección del diario *ABC* y actualmente escribe una columna semanal en *El País* y en su suplemento cultural *Babelia*. Es, también, colaborador de la cadena COPE.

DIEGO S. GARROCHO

MODERADITOS

Una defensa de la
valentía en política

EN DEBATE

Papel certificado por el Forest Stewardship Council®

Primera edición: junio de 2025
Segunda reimpresión: enero de 2026

© 2025, Diego S. Garrocho
© 2025, Penguin Random House Grupo Editorial, S. A. U.
Travessera de Gràcia, 47-49. 08021 Barcelona
Diseño de colección: Penguin Random House Grupo Editorial / Nora Grosse

Printed in Spain – Impreso en España

ISBN: 978-84-19642-19-6
Depósito legal: B-6.281-2025

Compuesto en La Nueva Edimac, S. L.
Impreso en Huertas Industrias Gráficas, S. A.
Fuenlabrada (Madrid)

C642196

Este libro se ha elaborado en el marco del Proyecto de Investigación Cultural History of Gestures PID2022-141667NB-I00 del Ministerio de Ciencia e Innovación.

Para Andrea, ejemplo de valentía

Introducción

Este libro no es una apología de las buenas maneras ni un alegato en favor de la cortesía política. Este ensayo es una defensa de la valentía. La educación, la amabilidad o el buen tono son rasgos tan deseables que no necesitan una justificación explícita ni ninguna teoría compleja para legitimarse. Y, aunque pueda parecer sorprendente, la moderación no tiene tanto que ver con esas expresiones mínimas de respeto. O, al menos, en su dimensión más urgente, no puede agotarse ahí. Nuestra conversación pública está destruida, pero el ruido atronador que nos rodea no lo alimentan solo las redes sociales o unos perversos magnates tecnológicos. Los medios de comunicación de prestigio y gran parte de nuestros representantes han decidido elevar el volumen de sus alegatos y rebajar sus estándares de autoexigencia. A veces lo hemos hecho incluso nosotros. Esta circunstancia es grave y aun así no exige una intervención demasiado ambiciosa en lo intelectual para repararla. De hecho, ni siquiera estamos peor que en muchos otros momentos de la historia. Basta echar un ojo a las *Filípicas* de Cicerón para constatar que espíritus tan sofisticados como el pensador de Arpino también podían ser perfectamente faltosos o soeces en su uso de la palabra pública en la República romana.

Cualquier persona sabe que el insulto, la banalización del disenso o la demonización de quienes no piensan como nosotros encarnan un fracaso personal. Mostrar una agresividad desmedida en una columna de periódico o en sede parlamentaria es un gesto elocuente en el que se desvelan los malos hábitos propios y los de aquellos que nos educaron. Quien quiera y decida hablar así puede, y hasta debe, seguir haciéndolo. Lo único que trataré de justificar en este texto es que quienes optan por obrar de esa manera jamás podrán decirse valientes. Es más, la belicosidad verbal, el uso de un lenguaje insolente o malsonante y el arraigo fundamentalista a credos ideológicos extremos no es más que una forma de cobardía melancólica.

La valentía es relevante en clave política por muchos motivos. De hecho, ya desde antiguo se distinguió como una de las virtudes esenciales del ciudadano. Para Tucídides, Platón o Aristóteles, el valor era una disposición del ánimo indispensable para poder ejercer responsablemente muchas otras virtudes. Es consustancial a la vida lograda el adecuar la percepción del peligro, y la toma de posición política en muchas ocasiones exige asumir riesgos. De alguna manera, pensar en serio y hasta las últimas consecuencias es una forma de desafío. La filosofía, de hecho, puede definirse como un bello peligro. Este riesgo razonable se olvida en demasiadas ocasiones y, entre los simulacros morales en los que vivimos, la valentía artificial y fingida es una de las ficciones políticas más decepcionantes. La polarización ha construido refugios identitarios en los que sentirnos a salvo. E incluso en las universidades, lugares concebidos desde su origen medieval para la disputa y la confrontación intelectual, se han creado espacios seguros para que podamos seguir tratando a los estudiantes como si fueran menores de edad. Las ideas impopulares o las propuestas que desafían los paquetes ideológicos cerrados y preconcebidos corren el riesgo de ser sospechosas por cuanto desestabilizan la ordenación contemporánea del disenso político. Quien corre hacia un extremo ideológico suele ser víctima de un pánico inconfeso con el que además se intenta impugnar la realidad.

No hay que ser especialmente hobbesiano para conceder que todos los sistemas políticos descansan sobre una economía del miedo. Las democracias contemporáneas no son una excepción, y el ansioso paradigma securitista se ha trasladado, también, al modo en que hablamos, pensamos y debatimos. Los suscriptores de los periódicos no quieren leer a autores que desafían sus prejuicios y los padres de familia son capaces de entrar en X bajo pseudónimo para linchar o criticar de manera desaforada a quien pone en riesgo sus creencias. Detrás de estas conductas solo hay miedo e inseguridad. Miedo a que nuestras ideas puedan demostrarse fallidas. Miedo a que las ideologías que despreciamos puedan tener una cuota de razón. Miedo a que tengamos que despedirnos de algunos de los fetiches a los que vivimos agarrados a causa de un pánico que nos asedia desde demasiados frentes.

El miedo patológico en muchas ocasiones está vinculado con el egoísmo, y el afán posesivo de nuestra época nos lleva a custodiar nuestras ideas como quien protege la cartera o quien se cubre el rostro en una pelea. Y es obvio que, cuando hablamos de políticos y periodistas, ese proteger la cartera no es ni siquiera metafórico. Asimismo, es posible que, después de todo, la secularización de nuestro tiempo haya generado sus propios monstruos de época y que, como concluyeran Voegelin o Steiner, la política se haya convertido en una religión contemporánea. Las personas no estamos dispuestas a poner en riesgo nuestras ideas políticas porque tenemos una relación casi cultual con nuestros principios. Resulta paradójico que mientras promocionamos el pluralismo en el ámbito espiritual, tendemos a combatirlo en su variante ideológica. Y no olvidemos que el pluralismo es la mejor expresión de la valentía civil. Sin embargo, si nos identificamos fanáticamente con nuestras ideas, cada vez que las protegemos lo hacemos con la misma intensidad y virulencia que muestran quienes ejercen una suerte de legítima defensa. Lo que ocurre es que en circunstancias de pánico o de miedo insuperable dejamos de comportarnos como agentes racionales y nos convertimos en desvalidos inimputables. Algo inasumible desde un plano intelectual o cívico.

La valentía es, pues, un rasgo indispensable para el pensamiento libre y para el ejercicio responsable de la ciudadanía. Pero, sobre todo, es un rasgo del carácter expuesto a la contradicción. El ser humano es un animal camaleónico y fingidor que tiende a ocultar sus defectos con precisión y habilidad. Los refranes no son más que aforismos populares que muchas veces se demuestran certeros. El «dime de lo que presumes y te diré de lo que careces» es sin duda un buen punto de partida para ejercer la legítima sospecha. Para conocer la relación entre la valentía y la moderación habrá que comenzar por desenmascarar a sus críticos.

La virtud y su diminutivo

La moderación se ha considerado tradicionalmente como una virtud, timbre de mesura y cierta distinción. Sin embargo, en algunos contextos, las actitudes contenidas y prudentes también han sido objeto de críticas, en ocasiones justificadas. Si debemos abordar la defensa de los derechos humanos o censurar una práctica cruel, ciertas formas de moderación podrían resultar decepcionantes. Hay circunstancias que exigen posiciones vehementes y radicales, y es innegable que bajo la coartada de la moderación se intentan esconder, a menudo, posiciones equidistantes ante dilemas que requerirían asumir actitudes mucho más decididas. La tibieza, la prudencia o la conciliación pueden ser aliadas de las peores prácticas si se disponen de forma sesgada u oportunista. Sería absurdo que alguien se opusiera con moderación a la pena de muerte o que un partido político ensayara una defensa tibia de las garantías constitucionales. De ambos absurdos, por cierto, existen precedentes. Y no tendríamos que ir a montañas ni a desiertos muy lejanos para encontrarlos.

Creo, pese a todo, que la vehemencia o incluso cierta radicalidad en algunos planteamientos no están reñidas con la moderación, sino con su simulacro. El moralista La Rochefoucauld ya escribió en 1665 que la hipocresía es el homenaje que el vicio le rinde a la virtud, y parece obvio que quienes intentan escamotear su responsabilidad bajo la coartada de la moderación encarnan cualquier cosa menos una actitud ponderada.

Ninguna virtud debería sucumbir ante el abuso de sus trampantojos, y la moderación bien entendida siempre será compatible con las firmes convicciones y con la asertividad en temas que así lo requieran.

Frente a esta crítica, sólida y fundada, en el último tiempo ha proliferado otra que parte de un principio muy distinto de los que suelen inspirar una objeción justificada. La expresión no es ni mucho menos nueva, pero sí ha cobrado una renovada vigencia a través del uso de las redes sociales. En la antigua Twitter, así como en columnas de prensa o en polémicas más o menos alimentadas de forma artificial, se ha extendido el término «moderaditos» para intentar desacreditar cualquier posición política que decepcione, en su mesura, a quien profiere el insulto. El moderadito, para sus críticos, no es un representante de la contención ni de la prudencia, sino una suerte de hipócrita timorato que no es capaz de defender sus principios con el fuste y la rotundidad que al acusador le gustaría que mostrara. El moderadito, siempre según este diagnóstico parcial, sería un acomplejado incapaz de llevar hasta las últimas consecuencias sus propios principios para negociar con un adversario imaginario los fundamentos de sus creencias.

El término «moderadito» ha arraigado, sobre todo, en círculos conservadores normalmente cebados por la cobertura y el confort epistémico que brindan las cámaras de eco. En la izquierda también se hacen acusaciones semejantes contra quienes defienden posturas más o menos conciliadoras y el lenguaje testosterónico se ha hecho presente entre los que se dicen progresistas. Recordemos, por ejemplo, que en 2016 Pablo Iglesias retó a Pedro Sánchez a pronunciarse, «si tenía agallas», sobre un eventual apoyo a Mariano Rajoy; apoyo que, por cierto, no solo no se prestó, sino que su negativa acabó impulsando la carrera política del hoy presidente del Gobierno. El propio Sánchez no es ajeno a ese discurso gonádico y valentón, pues en septiembre de 2023 él mismo apeló a las agallas de sus barones –a los que ha llegado a tildar de «baroncitos», habría que preguntarse si el término lo imaginó con be o con uve– a la hora de criticar el concierto económico catalán en un Comité Federal del Partido Socialista.

Aunque puedan compartir ciertos rasgos semejantes, el uso despectivo del diminutivo para desprestigiar a la moderación incorpora matices específicos que no están presentes en los otros discursos pretendidamente corajudos. La exhibición de una fingida valentía y la hipertrofia de los gestos que expresan una supuesta bravura ideológica forman parte del elenco ritual que acompaña a quienes critican la moderación, hasta tal punto que llegan a conceder un protagonismo específico al atrevimiento como virtud política. Según estos críticos, por ejemplo, si alguien conservador está dispuesto a escuchar y a ponderar las razones de sus adversarios ideológicos, lo estará haciendo por pura apariencia y nunca por una convicción genuina en el valor del disenso. El moderadito se retrataría, pues, como un blando o un pusilánime incapaz de competir en coraje y principios con quien sí se muestra abiertamente radical. Recordemos, además, que el apelativo «moderadito» siempre se emplea en el interior de una misma familia ideológica y jamás podría saltar de orilla: es la derecha radical la que tilda de «moderadita» a esa otra supuesta derecha incapaz de asumir sus hipótesis más ultramontanas. En tiempos, Vox, recuérdenlo, llegó a hablar de la «derechita cobarde» para referirse al Partido Popular. Del mismo modo, en el espectro progresista, la moderación reformista será interpretada como una concesión al enemigo y como una forma de debilidad.

Quienes critican la moderación olvidan que hay personas que no suscriben las formas radicales o sus tesis no por cobardía, sino por estricto rechazo o repugnancia intelectual. Por ejemplo, si desde el espectro conservador alguien expresa que es conveniente preservar la dignidad de las personas migrantes y desarrollar políticas públicas destinadas a atender las necesidades de quienes llegan a nuestro territorio, el «radicalito» considerará que el «moderadito», sencillamente, no se atreve a abrazar sus políticas xenófobas. Es más, el radical sospecha que la persona moderada piensa, en el fondo, como él y que, sin embargo, la corrección política y el miedo al qué dirán llevan al taimado moderado a no atreverse a expresar su verdadera convicción.

De manera semejante, en el espacio de la izquierda, si alguien progresista se muestra sensible a las reivindicaciones de las grandes empresas a la hora de crear riqueza o de preservar la seguridad jurídica de los inversores, el valentón progresista acusará a la persona ponderada de contemporizar con los intereses del obsceno capital. Suele haber un matiz que diferencia el señalamiento de izquierdas y el de derechas: en el espectro progresista, la crítica acostumbra a acentuar la condición de impuro del moderado, acusándolo de no ser genuinamente de izquierdas, mientras que en la derecha, con frecuencia interviene la valentía como el auténtico marcador que señala la linde imaginaria entre el radical y el tibio. El radical de izquierdas expulsa de la familia a quien no cumple con la ortodoxia de la desmesura. En la derecha radical, sin embargo, la prudencia y la contención se desprestigian imputándoles una supuesta cobardía. Es decir, el radicalito de derechas se demuestra incapaz de entender que hay personas dentro de su espectro ideológico que rechazan de lleno sus presupuestos teóricos por puro principio. La derecha radical olvida, por tanto, que hay personas conservadoras que desprecian su manera de hacer política no por miedo ni por falta de rigor, sino precisamente por convicción valiente y por coherencia con unos principios que también se reivindican conservadores. Algunos deberían asumir que quien no piensa como ellos no lo hace justo por cobardía.

En cualquier caso, la moderación es un concepto antiguo cuyos significados son mucho más complejos de lo que podría intuirse en un primer momento. Si tiene sentido reivindicar su buen uso, puede ser útil retomar, o al menos advertir, su significado original. «Moderación» en castellano remite a *modus*, en latín, una palabra que puede traducirse por «medida» o incluso por «manera». Uno de los intelectuales conservadores más interesantes de nuestra época, el medievalista francés Rémi Brague, escribió en 2014 un ensayo que llevaba el elocuente título de *Moderadamente moderno*, y en él jugaba con la raíz común que vincula los vocablos «moderno» y «moderado». La manera en la que quienes censuran la moderación puedan jugar a ser «antimodernos», tomando prestada la expresión de Antoine Compagnon, daría para otro ensayo. Por el momento, debería bastarnos con rastrear los orígenes de esta virtud.

La palabra que se sitúa en el origen remoto de la moderación es, sin embargo, el término griego *sophrosyne*, una de las virtudes de más arraigo en la filosofía clásica, hasta tal punto que es el rasgo que en latín se dio en llamar *temperantia*, hoy diríamos «templanza», una virtud que llegó a distinguirse por ser una de las cuatro cardinales (junto con la prudencia, la fortaleza y la justicia). Son varios los diálogos platónicos en los que la *sophrosyne* desempeña un papel importante: aparece mencionada en textos como *Cármides, República, Fedro* o la *Apología de Sócrates*. En otro diálogo breve y pocas veces citado, *Laques*, el filósofo ateniense plantea incluso una relación entre la moderación y la valentía. Los matices que se ponen en juego en cada uno de estos diálogos son numerosos, pero, de alguna manera, esta virtud siempre aparece descrita como una forma de conocimiento o autodominio con respecto a los placeres o, más en general, las pasiones. Una persona moderada es alguien que no sucumbe de forma irrefrenable, por ejemplo, al placer sexual o a determinados raptos emocionales, como la ira. Recordemos que una de las servidumbres más lesivas para el pensamiento clásico es aquella a la que nos someten nuestras propias pasiones. Esta posibilidad de ser esclavos de nosotros mismos es un hallazgo conceptual que, por cierto, la modernidad tendió a difuminar.

Solo una generación después de Platón, con Aristóteles, la moderación asumió una centralidad mayor. Para el filósofo de Estagira, la *sophrosyne* también quedó singularmente circunscrita a la administración de los placeres más básicos, pero la doctrina de la medida correcta en la disposición de las pasiones acabó convirtiéndose en el fundamento central de su filosofía moral. Hasta nuestros días ha llegado en forma de saber popular la idea de que en el término medio está la virtud, una intuición de origen aristotélico. Es cierto que las tesis de Aristóteles eran más complejas y que su teoría del *mesótês* o justo medio no se resume en una mera proporcionalidad. Sea como fuere, lo que sí es una constante en la Grecia clásica es la necesidad de disponer el ánimo, las pasiones y el juicio de forma ordenada y proporcionada a la realidad. Recuerden el lema inscrito en el frontispicio de Apolo en Delfos: «Mêdén ágan», es decir, «Nada sin medida». Por más que existieran asimismo experiencias catárticas que administraban el exceso de modo casi terapéutico (Nietzsche lo recordaría en 1872 en su célebre ensayo *El nacimiento de la tragedia*), caben pocas dudas de que la moderación y la reprobación de la desmesura (*hybris*) constituyen un elemento esencial en la manera en la que posteriormente se reconstruyó la tradición clásica. El propio Tomás de Aquino acabaría componiendo una doctrina específica sobre la templanza.

El prestigio de la moderación ha convivido siempre con las pulsiones radicales que han creído ver en la prudencia y en la contención un enemigo de la verdadera justicia. De hecho, hay quienes suelen referir una cita del Apocalipsis que en principio podría abonar una cierta desmesura o que, al menos, parece dar la razón a quienes defienden una toma de posición firme y decidida ante determinadas cuestiones: «Por cuanto eres tibio, y no frío ni caliente, te vomitaré de mi boca», se lee en el Libro de la Revelación (Ap 3, 16). Son aquellos que, como después señalara Dante en el canto III del «Infierno» de la *Comedia*, por no mancharse, son rechazados y ni el cielo ni tampoco el infierno los acoge. Lo que olvidan quienes identifican la moderación con esta dolosa tibieza es que en muchas ocasiones la condición moderada no tiene tanto que ver con el objeto de una posición política, sino con la actitud con la que se defiende un mismo principio. La tensión entre la radicalidad y una cierta prudencia política ha sido una constante en nuestra historia. La oposición entre los jacobinos o los girondinos en el marco de la Revolución francesa o la tensión entre moderados y exaltados en el marco del liberalismo son solo algunos ejemplos de cómo personas que comparten algunos principios comunes a menudo pueden disentir en la velocidad o en la intensidad con la que debe operarse una transformación social. Sin embargo, creo que la crítica a la moderación contemporánea o su puntual invalidación por parte de quienes asumen la agitación extrema como una herramienta política no tiene demasiada relación con esa dialéctica tradicional entre moderados y radicales. Hoy se puede acusar de «moderadito» a quien simplemente aspira a exponer de una forma educada su opinión o a quien está dispuesto a escuchar las razones de su antagonista barajando la posibilidad de llegar a cambiar de parecer.

El uso despectivo del diminutivo –«moderaditos»– incorpora una dosis de burla que se inscribe en una jerga valentona y casi adolescente, basada en el atrevimiento que expresan los jóvenes cuando se provocan para hacer alguna gamberrada. Cabe recordar, por otra parte, que las virtudes, en su dimensión más puramente pragmática, tienen una utilidad contextual y que hay ciertas circunstancias en las que la moderación puede jugar un papel imprescindible. En un mundo donde la fractura social comienza a ser un hecho y en una coyuntura en la que la polarización está construyendo muros discursivos y hasta materiales en nuestras comunidades políticas, la moderación, la prudencia o la cortesía son instrumentos tan básicos como indispensables para reconstruir la convivencia. Sin embargo, me comprometí algunas páginas atrás a no hacer una defensa de las buenas maneras democráticas, sino a limitarme a vincular la moderación con una forma genuina de coraje político.

Antes de abordar la valentía resulta casi obligado desenmascarar a su contrario o, cuando menos, a su simulacro. Una de las complejidades de la sociedad contemporánea es la omnipresencia de la simulación y la disputa de algunos significados básicos.

No siempre fue así. En el siglo XX, un enfrentamiento entre fascistas y comunistas podía ser violento y sangriento, pero se ejercía en un marco de coherencia semántica. Los fascistas llamaban comunistas a quienes, en efecto, eran comunistas, y los fascistas exhibían con orgullo su funesta condición. Hoy, sin embargo, podemos ver acusaciones cruzadas de ser «antidemócratas» entre personas que ostentan no solo ideologías contrarias, sino que parten de premisas morales y políticas básicas incompatibles. Esta contradicción no es posible más que a partir de una confusión semántica: empleamos una misma palabra, «demócrata», para nombrar cosas distintas y, en muchas ocasiones, opuestas. Al conflicto social contemporáneo de las democracias occidentales, que es intenso aunque en realidad todavía no es violento, hay que añadir esta confusión semántica que nos impide confiar en la realidad y en las categorías con las que intentamos desentrañarla. Casi todo es fingido. Por este motivo vemos reivindicar la veracidad a mentirosos compulsivos, la democracia a vulgares populistas y la valentía a cobardes insustanciales. El conflicto con frecuencia ni siquiera es ortodoxamente ideológico, pues hay quien define su posición en la conversación pública no basándose en ideas, sino siguiendo a sujetos que validan una tesis un día y al día siguiente su contraria. Si decidimos orientar nuestra brújula política y moral apuntando a sujetos cambiantes y mendaces, es muy probable que acabemos defendiendo siglas o a políticos concretos en lugar de ideas.

Una deliberación pública asentada sobre la colisión de ideas diferentes está llamada a contener sus extremos. Las buenas razones suelen operar como vectores de fuerza que reproducen, en el ámbito discursivo, la lógica que ejercen los pesos y contrapesos en las democracias liberales, en el plano institucional. Las distintas ideologías tienden a perfeccionarse y a matizarse en contacto con otras ideas. Así, para validar una hipótesis, es preciso someterla a un escrutinio plural en la que puedan ponerse de manifiesto sus fortalezas y debilidades. Una conversación pública bien ordenada exige, por lo tanto, que las identidades políticas puedan establecer un ejercicio de vigilancia recíproca que acaba resultando beneficioso para la propia conversación. De ahí que, por ejemplo, sea tan imprescindible convocar a voces disidentes en cada medio de comunicación.

Creo que el objetivo más ambicioso para una cabecera periodística en el mundo contemporáneo no consiste en representar a una ideología, y menos a un partido –algo que es tan legítimo como previsible–, sino en convertirse en un verdadero terreno de juego y de debate donde las ideas puedan competir en libertad. Sin contacto entre diferentes y sin competencia entre ideas no solo corremos el riesgo de fomentar ciertos extremismos. Estaremos, también, sacrificando nuestra propia creatividad a la hora de encontrar soluciones a nuestros problemas públicos y privados. La adhesión acrítica a cualquier paquete de creencias constituye, además, una falta de respeto a ese credo. Me gustaría pensar que no defendemos una idea porque sea nuestra o porque pertenezca «a los nuestros» (expresión gregaria e intelectualmente letal), sino que estamos dispuestos a hacer una idea «nuestra» porque la consideramos digna de ser defendida. Y para poder defenderla debemos asumir que es legítimo y hasta saludable que alguien la ataque.

Es revelador que quienes reniegan de la moderación lo hagan, sobre todo, al abrigo de comunidades cada vez más blindadas. No hay ninguna valentía en agitar consignas extremas en Twitter bajo un pseudónimo, del mismo modo que tampoco tiene un mérito especial construir una personalidad pública basada en la provocación o en el exabrupto. Las cámaras de eco funcionan como contextos dopantes en los que los «radicalitos» se aprovisionan de motivación y ánimo para después exponer sus excesos. El periodista francés Jean Birnbaum escribió en 2021 un pequeño ensayo que llevaba por título *El coraje del matiz* (*Le Courage de la nuance*) en el que demuestra el desafío que supone siempre introducir visos o gradaciones en nuestras opiniones. El valentón radical, sin embargo, suele plantear estructuras monolíticas en sus pareceres para encontrar un abrigo o un refugio artificial. Es singularmente atinada la metáfora de la trinchera para retratar los extremismos ideológicos, pues la trinchera es un recurso defensivo que, no obstante, de puertas para afuera tiende a presentarse como una exhibición de audacia. Tomando prestada otra metáfora de Compagnon, podríamos decir que hay quien se siente demasiado cómodo en la vanguardia de la retaguardia.

Detrás de un radical, lo que suele haber es una persona frágil que no está dispuesta a desafiar su propio punto de vista. Administrar con paciencia un argumento o una razón pública es mucho más complicado que opinarse encima. Preservar una dosis de escepticismo es un simple rasgo de lucidez que quien vive presa del pánico refugiándose en sus ideas no puede concederse. Cualquier conversador leal se ha visto obligado a cambiar de parecer muchas veces y a asumir con convicción que la valentía del pensar exige renunciar a identidades fuertes que nos ponen a salvo de la crítica o de la enmienda.

Sabemos que las ideologías operan como religiones de sustitución. Las religiones, sin embargo, tienen incluso aspectos luminosos que las ideologías, en su dimensión más prescriptiva, rara vez adquieren. El radical casi nunca se muestra misericorde con quien, a su juicio, puede estar equivocado. Quienes más elevan la voz en el debate público y quienes tienden a ridiculizar o demonizar a los que no piensan como ellos no suelen mostrarse dispuestos a ejercer una pedagogía responsable de sus propios principios. El radicalito acoge dogmáticamente un paquete de ideas y lo estresa hasta construir un refugio identitario que, muchas veces, le impide participar en la conversación pública con un mínimo de serenidad. La polarización no es problemática por lo que conlleva de disenso agonístico, sino todo lo contrario. Además de implicar la mediocridad de los extremos, la polarización atenta contra la misma autonomía del pensamiento, por cuanto agota las posibilidades del disenso en un reduccionismo binario.

Los radicalitos aciertan cuando critican que los ingenuos apologetas del consenso olviden que la política es oposición y a menudo conflicto (idealmente racional y argumentado), pero la polarización reduce esa sana oposición a una única forma de disenso: o conmigo o contra mí. Al contrario de lo que pudiera parecer, abrazar el verdadero disenso exige acoger la moderación como principio metodológico. La partición de la identidad política en un ellos y nosotros, tan frecuente en el populismo de inspiración schmittiana, sacrifica la posibilidad de componer un paquete de creencias autónomo de verdad. Lo terrible es que en muchas ocasiones esos reduccionismos no se imponen a la fuerza desde fuera ni están determinados por una aviesa conspiración bien planificada. Somos nosotros quienes libre y voluntariamente renunciamos a ejercer un pensamiento libre para encontrar abrigo en consignas identitarias que nos permiten reconocernos como parte de un grupo. Y esa identidad, las más de las veces, viene descrita por algo tan pobre como el eventual reconocimiento de un enemigo común.

Otra de las servidumbres más decepcionantes de quienes suelen reivindicar la radicalidad en las formas, y no solo en el objeto de su ideología, se expresa en esa vocación de conflicto. La premisa de que «pensar es siempre pensar contra algo» es solo en parte cierta. Es innegable, y acabamos de subrayarlo, que la competencia entre ideas y la crítica recíproca enriquecen el pensamiento. Este es el motivo por el que roturar el campo en el que se dispone la conversación pública es una responsabilidad democrática. Sin embargo, quienes exacerban esa condición polémica y agonística del pensamiento, reduciendo el valor de una idea por su oposición a otra, no asumen que esa forma de pensar acaba por demostrarse parasitaria. El pensamiento reactivo es invariablemente deudor de aquello contra lo que reacciona. El antifascismo o el anticomunismo no son más que acontecimientos subsidiarios de aquello que aspiran a combatir. El pensamiento, en su dimensión más genuinamente fecunda y creativa, debe ambicionar algo más que ejercer una simple oposición. De ahí que la posibilidad de generar nuevas síntesis y de incorporar lo que de valioso haya en una opción ideológica contraria es una disposición mucho más productiva del pensamiento que la simple negación. Quien solo sabe pensar contra algo o contra alguien está evidenciando que el día que ese algo o ese alguien desaparezca ya no tendrá nada que pensar. Cuando todo tu paquete de creencias es deudor de una ideología que desprecias y contra la que combates, estás muy cerca de abrazar una forma de sumisión intelectual y política casi irreversible.

La radicalidad en las maneras, e, insisto, nunca en los principios, suele ser una muestra de debilidad. Nadie eleva el tono cuando sabe que está venciendo en un debate, y servirse de cierta agresividad verbal, además de exhibir un evidente mal gusto, no es más que el síntoma de una falta de estabilidad. Hay que confiar muy poco en las convicciones propias para mostrarse airado cuando alguien las critica, y hay que tener una vida muy pobre para inquietarse por el mero hecho de que otras personas puedan defender de modo legítimo principios morales distintos de los nuestros. Es más, uno de los déficits más importantes de nuestra cultura democrática se prueba en el hecho de que muchas personas creen que cuando alguien defiende una ideología que nos repugna lo hace por motivos aviesos y espurios. Y no es cierto. Las personas de izquierdas deberían asumir de una vez por todas que hay quienes propugnan el liberalismo económico convencidos de que el libre mercado puede ser beneficioso también para los más desfavorecidos. Y las personas de derechas deben aceptar que se pueden defender políticas públicas intervencionistas no por interés propio, sino con la convicción de que son justas. Es más, creo que metodológicamente sería útil asumir que quienes piensan de manera opuesta a nosotros en cualquier caso tienen, al menos, una cuota de razón.

La valentía

La valentía, igual que la cobardía, siempre estuvo vinculada a la política. La calculada administración del miedo ha sido el más antiguo mecanismo de control y el principal enemigo de la libertad entre los seres humanos. Tal vez este sea el motivo por el que, desde antiguo, se insistió en concebir el valor como una disposición del ánimo esencialmente política. La historia cultural de Occidente es, asimismo, la historia de la construcción del miedo y sus contrarios. Tanto es así que si tuviésemos que comenzar a estudiar la historia, no ya del pensamiento político, sino de la experiencia política, deberíamos comenzar por la *Ilíada* y visitar incluso los evocadores versos de Arquíloco. De modo aún más evidente, en la «Oración fúnebre de Pericles» que nos legó Tucídides encontramos una exposición magistral de la manera en que, en el mundo antiguo, la ciudadanía, el coraje y el valor formaban parte de la correcta constitución del soldado y del ciudadano. Dos figuras que no siempre estuvieron diferenciadas. La valentía no era solo una virtud más, sino que se distinguía por ser la condición de posibilidad de las demás formas de excelencia.

La centralidad de la valentía en la vida civil o, si se prefiere, en la labor política, no es un patrimonio exclusivo de la Antigüedad. Uno de los autores más decisivos para el surgimiento de la modernidad, Thomas Hobbes, convirtió el miedo en la premisa fundamental de su doctrina, y él mismo, según narra en su biografía, habría venido al mundo como un gemelo de ese mismo miedo. El autor del *Leviatán* explica que, en 1588, su madre tuvo un parto prematuro por el pánico que sintió ante la inminente llegada de la Armada Invencible a las costas de Inglaterra. Tiempo después, en el continente, Baruch Spinoza también establecería el miedo y la esperanza como las pasiones primordiales del ámbito político. La proyección del valor como virtud civil se ha mantenido intacta hasta nuestros días, cuando seguimos rindiendo honor y gloria, mediante todos y cada uno de los monumentos elevados en su recuerdo, a quienes murieron por una causa que consideramos estimable. El valor es algo más que una virtud guerrera, o, dicho de otro modo, si entendemos que la guerra es una expresión límite de la política, con permiso de Clausewitz, descubriremos que la experiencia pública y civil está íntimamente ligada al miedo y su opuesto emocional. Por este motivo se ha fabulado tantas veces con la idea de que los héroes fueran fundadores de ciudades. Nadie quiere encontrar en el origen de su comunidad política, ni en el de su familia, a un cobarde o un mediocre. Aunque, por desgracia, a veces pase.

Algunas páginas atrás abordamos el tratamiento clásico de la moderación y destacamos que la mesura en lo que se refiere a las pasiones fue uno de los rasgos exigibles a todo ánimo bien formado. La moderación o la adecuación de las pasiones a cada circunstancia hace de la valentía un ejemplo singularmente paradigmático. No solo porque el miedo es una de las emociones más básicas y fundamentales del ser humano. La disposición con respecto al temor es tan visible y tan clara que permite establecer un eje preciso en el que distinguir su exceso y su defecto. Así como no es posible concebir a alguien que sea demasiado justo, y solo de manera figurada podemos concebir que algo sea demasiado bello, en cuanto al miedo, todos podemos apreciar formas de valor equilibradas que se mueven entre la cobardía y la temeridad.

Si Aristóteles nos definió como animales políticos, resulta relevante constatar que, además de nuestra dimensión social, es el miedo lo que nos humaniza. Ningún animal teme como nosotros y no existe una sola persona que no haya temido alguna vez. No hay biografía en la que el miedo no tenga un papel relevante. Imaginar la posibilidad de un daño y adecuar nuestra conducta al cálculo de un riesgo es algo que hacemos con frecuencia. Tanto tememos que somos los únicos mamíferos capaces de sentir miedo incluso por causas que ni siquiera existen. Y puestos a temer, somos capaces de atemorizarnos por expectativas futuras que son contradictorias entre sí. Sospecho que este es el motivo por el que admiramos la experiencia heroica o la santidad del mártir: son contextos en los que se rebasa la propia naturaleza y se deja de sentir miedo aunque se tenga constancia cierta del sufrimiento de un daño inmanente. Somos humanos porque podemos llegar a apreciar valores más importantes que nuestra propia vida.

Sócrates no fue un suicida ni un imprudente: simplemente fue un hombre que pensó que hasta el peor de los males, esto es, la propia muerte, resulta insignificante si se compara con el cumplimiento del deber civil y el ejercicio libre de la virtud. Este es el motivo por el que toda historia del pensamiento político debería dedicar algunas páginas al juicio de Sócrates y a la *Apología* que Platón escribió para su maestro. Es difícil, aunque no imposible, encontrar una defensa más digna o estéticamente poderosa de la libertad que la de Sócrates sacrificado. Es significativo, además, que fuera un tribunal popular quien impuso la condena a muerte al sabio ateniense. Una colectividad de hombres mediocres, asistidos por una facultad legal y democráticamente instituida, decidieron condenar a muerte al que era considerado el hombre más justo y sabio de Atenas. El relato funciona mejor si lo damos por cierto. Aquel crimen fundacional se inscribió en nuestra tradición para recordarnos la injusticia que puede entrañar cualquier forma de populismo. El pueblo, las mayorías o la turba organizada no solo no tienen razón en todo, sino que con frecuencia pueden incentivar la comisión de actos execrables. Por cierto, no tantos siglos después, una escena parecida a la de la condena de Sócrates daría lugar a una religión que transformó para siempre la historia de la humanidad.

El valiente no es un kamikaze, ni un suicida, ni un loco. El valiente es también un moderado. Un moderado con respecto al miedo. Del mismo modo que se puede temer en exceso, las personas temerarias se caracterizan por no saber calcular los riesgos como es debido. La causa que inspira esa proporcionalidad en nuestra capacidad para estimar un peligro es igualmente relevante y, de nuevo, no hay otro remedio que insistir en la enseñanza griega. Aristóteles advirtió que conviene temer lo que se debe y no temer lo que no se debe, recordando además que la valentía nunca tiene que ejercerse por necesidad u obligación, sino porque es algo bello. Esta vieja asunción de que lo bueno y lo bello contraen una deuda recíproca todavía se encuentra en el origen de muchas de nuestras intuiciones morales. Diría que en el de las mejores. Sin embargo, para justificar la ligazón entre el valor y la moderación en el debate contemporáneo no bastaría con suscribir los ponderados ideales de la emotividad clásica. Se trata de algo más que de temer en la medida precisa. Para justificar la valentía específica que exige la moderación en el uso de la palabra pública en el siglo XXI, tendríamos que reconstruir las condiciones específicas a las que hoy se expone quien decide no sucumbir a las tentaciones del radicalismo o de la descalificación.

La moderación en política suele ir acompañada de un sano escepticismo. Y recordemos que la duda es el motor emocional de quien emprende una búsqueda. Esta es una feliz coincidencia en la que se reúnen tanto la filosofía como el periodismo: en ambos casos, la premisa fundacional del oficio es la sospecha. Por este motivo nunca podrá llegar a ser un buen pensador o un buen periodista quien se define a sí mismo como militante de una causa. El militante no duda: es un agente esencialmente asertivo que convierte su propósito, tantas veces monolítico, en una clave explicativa de todo cuanto ocurre. Es una opción legítima, siempre y cuando no se invadan territorios en los que la duda, la sospecha y la incertidumbre son ingredientes imprescindibles de una tarea. La búsqueda de la verdad, sea esta lo que sea, solo puede acometerse cuando se está dispuesto a cambiar de opinión e incluso a abandonar los propios principios si estos se demuestran falsos. Quien ensaya y tantea en el terreno intelectual suele ser enemigo de la exaltación porque en cualquier biografía intelectual honesta deben existir enmiendas, arrepentimientos y giros inesperados. Pero esa condición tentativa del pensar, ese quehacer que es consecuencia de una duda no ya metódica, sino casi imperativa, es también un incentivo para la moderación. Quien quiera tenerlo todo claro que no estudie filosofía y que lea solo periódicos de parte.

El escepticismo es incompatible con la radicalidad por un sencillo motivo: la asunción de que quizá estemos equivocados y de que el adversario político tal vez tiene cierta razón exige que nos acojamos a una prudencia incompatible con la radicalidad exaltada. La experiencia política, en su sentido más genuino, tiene que ver con la gestión de un disenso que puede ser perfectamente bienintencionado. Cuando discutimos o debatimos con alguien, en muchas ocasiones ni siquiera estamos discutiendo los fines últimos, sino meros medios para alcanzar propósitos que de hecho compartimos. Dos buenas personas pueden tener recetas antagónicas para resolver un mismo conflicto. Y, sin embargo, somos capaces de exacerbar nuestra agresividad en el debate a la hora de intentar resolver una cuestión que a lo mejor es banalmente práctica. No pocas veces nuestro afán polemista nos lleva a protagonizar escenas ridículas en las que nos lanzamos a discutir incluso con quienes pueden defender nuestras propias posiciones por puro reflejo defensivo. Cualquier persona se ha visto inmersa, alguna vez, en una disputa en la que un tercero ha tenido que mediar entre dos interlocutores para recordarles que, en el fondo, están defendiendo la misma tesis. Llevamos tanto tiempo gritándonos que nuestro reflejo en las conversaciones es defendernos, como el perro maltratado suele protegerse cuando una mano afable intenta hacerle una caricia.

La moderación que es consecuencia del escepticismo expresa una forma de valentía, además, por otro hecho bastante sencillo: es infinitamente más fácil vivir pertrechado de certezas que enfrentar una realidad desprovista de asideros definitivos. Comparecer en el debate público abiertos a refutar nuestros propios principios exige estar dispuestos a negociar todas nuestras certezas a cambio de establecer una conversación abierta y sincera. Frente a este modelo, quienes apuestan por vertebrar su identidad política en torno a una masa o al desarrollo de unos valores inquebrantables tienden a convertir su ideología en una estructura de culto cercana al fanatismo. A este respecto, resulta perfectamente vigente el diagnóstico que en su momento realizara Nietzsche sobre el instinto de rebaño y la necesidad de garantizarnos el abrigo de una masa para sentirnos a salvo. La condición gregaria del animal humano no parte de nuestra especial inteligencia ni de que estemos dotados de una razón política. Vivimos juntos no porque seamos fuertes, sino porque somos vulnerables. Es nuestra debilidad y nuestra condición carencial, como recordara sabiamente Platón en *Protágoras*, la que nos obliga a reunirnos con otros para poder sobrevivir. Este gregarismo estratégico, que es imprescindible en el orden práctico, puede acabar teniendo consecuencias funestas en el ámbito intelectual si renunciamos a correr algunos riesgos.

Uno de los errores más habituales al radiografiar el espíritu de nuestro tiempo es denunciar el individualismo actual. Entre los muchos mantras contemporáneos está el de censurar un supuesto individualismo creciente. Este diagnóstico podía tener cierta pertinencia en los años ochenta, cuando el paradigma imperante era el de los *yuppies* y el *self made man*. Las últimas recetas del capitalismo más clásico siguen vigentes hoy en muchos contextos, si bien no expresan ya la especificidad de nuestro tiempo. Mediada la tercera década del siglo XXI, resulta absurdo seguir interpretando la realidad a través de categorías que a duras penas se compadecen con ella o que ni siquiera pautan su singularidad distintiva. Si algo define a las nuevas generaciones es la reconstrucción de un cierto comunitarismo y el restablecimiento de los vínculos. Este fenómeno, en su dimensión más saludable, es reconocible tanto a izquierdas como a derechas. La recuperación de una ética de los cuidados o del consumo de proximidad coincide con un recobrado interés por la dimensión comunitaria o las conexiones espirituales. La reactivación de cierto asociacionismo o las tantas veces vilipendiadas políticas de la identidad demuestran que el ser humano requiere vínculos de referencia para volver a encontrarse. La soledad no deseada es una pandemia contemporánea y el patente fracaso del modelo individualista nos ha obligado a reconstruir relatos fundamentados en la rehabilitación de un saludable comunitarismo. Gran parte de las amenazas que hoy padece la democracia liberal tienen que ver con el abusivo proyecto individualista al que los populismos han sabido responder. Pero las crisis de las democracias occidentales no le deben todo a sus enemigos. La tentación iliberal solo es posible porque ha sabido localizar fracturas reales y constatables en la propia tradición liberal. Y el desmedido individualismo y su potencial reacción son otros de esos fracasos democráticos.

La reconstrucción de los vínculos en su dimensión más saludable expresa, al mismo tiempo, un peligro incuestionable. Hannah Arendt concluyó su célebre ensayo *Los orígenes del totalitarismo* advirtiendo del riesgo que entraña la soledad. El aislamiento puede sembrar en el corazón humano una necesidad desmedida de encontrar cobijo en relatos grupales que nos nutran de la protección de un grupo. No en balde, en italiano se emplea la misma palabra para referirse a los vínculos y a las cadenas: *vincoli*. El ciudadano contemporáneo está tan solo que, en su voraz apetito de compañía, corre el riesgo de disolverse en una masa. Nada nuevo bajo el sol, ya que una de las cosas más sencillas es aterrorizar y radicalizar a un hombre aislado. Ese hombre solo, atravesado por el miedo, buscará la protección de un grupo. Si introducimos la variable tecnológica y constatamos que muchos de nosotros pasamos largas horas cada día absortos en el uso de dispositivos que nos aíslan, al tiempo que nos procuran un alivio fingido mediante la compañía virtual, el fenómeno tiende a agravarse. Como tantas veces, la tecnología no es otra cosa que un mero acelerador.

El siglo xx nos demostró que existe una relación solidaria entre la masa y el totalitarismo. En siglos anteriores se dieron otras formas de despotismo, pero el totalitarismo político solo se hace posible en el momento en que se reúne una turba fanatizada y mayoritaria capaz de respaldar un relato político total y potencialmente sacrificial para sus adversarios. Los regímenes políticos están siempre vinculados a una tecnología material, y del mismo modo que los totalitarismos de los años treinta del siglo xx no podrían haberse dado sin el concurso de la radio o la megafonía, el modo en que hoy se agregan voluntades y relatos políticos no se explicaría sin el concurso de las redes sociales que generan aislamiento mientras exacerban el apetito de comunidad e identidad. En cualquier caso, es absurdo considerar que las redes sociales son la única causa de la polarización contemporánea, y este argumento tecnófobo suele servir de coartada para quienes no quieren asumir que también participan en la erosión de la opinión pública. Los medios de comunicación tradicionales, e incluso los ciudadanos individuales, tienen una cuota de responsabilidad evidente, por cuanto son actores imprescindibles en la destrucción de la conversación pública y en esta orgía de acusaciones cruzadas; alguien, alguna vez, así sea como operación tentativa, debería ensayar la posibilidad de decir en voz alta «Yo sí he sido» o «Yo también he contribuido a potenciar este desastre».

Como ocurre en las películas sobre la mafia, seguir el rastro del dinero es sin duda una buena estrategia cuando se aspira a llegar a las causas de un fenómeno. Que Elon Musk sea la persona más rica del mundo no es una casualidad, pero imputarle a un solo hombre la crisis institucional de las democracias occidentales es ridículo. Nuestros políticos acceden voluntariamente a intervenir de forma exagerada en el Congreso de los Diputados para lograr un corte viral, los columnistas de todos los medios son capaces de exacerbar el tono con tal de conseguir un mayor impacto y cualquier ciudadano medio puede encontrar una suerte de goce casi libidinoso insultando a otro usuario en X o propinándole un sonoro zasca. Martin Baron, antiguo director de *The Washington Post*, suele dar una clave en la que no siempre reparamos: la polarización es, sobre todo, un negocio en el que muchas veces participamos sin darnos cuenta de que estamos siendo no ya cooperadores, sino trabajadores voluntarios para un empleador cuyos beneficios nos resultan del todo ajenos.

La rentabilidad económica que acarrea la polarización y la creciente búsqueda de identidades refugio que puedan protegernos de la soledad y la incertidumbre son dos de las causas de la exaltación contemporánea. Los editores de prensa no solo están expuestos a las servidumbres del poder político y económico. En nuestros días, la dictadura de unas audiencias cada vez más fanatizadas –que no necesariamente ideologizadas– ha abierto la puerta a la radicalización y simplificación de los contenidos. Detrás de este acto reflejo vuelve a encontrarse el miedo, y por este motivo la moderación vuelve a expresarse como una forma de valentía. Pocos editores se atreven a desafiar a sus lectores y algunos medios han acabado convertidos en trincheras identitarias que exhiben sin pudor un compromiso ideológico incompatible con el mínimo respeto por los hechos. Que podamos distinguir sin riesgo a equivocarnos entre comunicadores conservadores y progresistas es ya un indicio del grado al que llegan las adhesiones partidistas de los medios de comunicación, un sesgo que inevitablemente socava la credibilidad de los medios tradicionales. Es comprensible que un profesional del periodismo tenga ideología, lo que resulta inasumible es que la lealtad partidista (desprendida de cualquier forma de coherencia ideológica) acabe deteriorando la mínima diligencia profesional. En una ocasión, un alto cargo de un periódico importante me explicó, con incomprensible orgullo, que el diario en el que trabajaba no tenía lectores, sino que tenía militantes. Creo que no conseguí convencerlo de que un periódico que se identifica con una acción militante, sencillamente, no es un periódico.

La defensa de los principios, sean los que sean, siempre tiene un coste. En un mundo neurotizado, la moderación es, sin remedio, la antesala de una decepción. La construcción de grupos identitarios consolidados tendentes a los extremos hace que, en demasiadas ocasiones, el ejercicio de la moderación exija un notable coste personal. En un clima de combate estresado hasta la neurosis y de identificación férrea de las posiciones ideológicas, cualquier matiz o prudencia suele interpretarse como una forma de deslealtad. Casi todos los formatos periodísticos son cooperadores de este enfrentamiento que se inicia como una mera disposición teatral pero que, más tarde, acaba impactando sobre la propia realidad. *Mundus est fabula*, se lee en el libro con el que posa Descartes en el célebre retrato de Weenix. A lo mejor tenía razón Oscar Wilde y no es el arte quien imita a la naturaleza, sino al revés.

La dramaturgia televisiva o radiofónica no replica ni representa realidad alguna: son los ciudadanos de a pie quienes tienden a reproducir conductas miméticas extraídas de esas tertulias en las que los roles y los posicionamientos están decididos *ex ante* para dinamizar el debate. Lo más preocupante es que, por desconcertante que parezca, son los propios partidos políticos quienes tienen capacidad decisoria en la composición de dichas tertulias, introduciendo una dosis de falsedad en el producto final que digieren las audiencias. Una disputa que el oyente o el espectador consume creyendo que se aproxima a un debate racional y leal sobre cualquier asunto polémico, no es más que una pautada teatralización en la que abogados de parte se muestran dispuestos a dilapidar su prestigio personal para defender, en ocasiones, lo indefendible. A veces opera un estímulo abiertamente espurio (en forma de intercambios de favores, filtraciones rentables o acceso a información privilegiada y monetizable). Sin embargo, pasado el tiempo, la fanatización se hace tan perfecta que hay quienes están decididos a inmolarse de forma espontánea y gratuita. Cuando vean un debate en la televisión o lo sigan por la radio, cada vez que adviertan que los tertulianos están mirando el móvil, es muy probable que lo que estén leyendo sea el argumentario que les envían sus partidos afines.

En un contexto en el que las identidades políticas se resumen de forma binaria y en el que la industria mediática y las redes sociales sucumben a la rentabilidad económica de la polarización, la moderación exige una doble valentía: una práctica y otra puramente teórica. En el orden práctico, el valor que se exige para ser capaz de desilusionar a unos y otros resulta obvio. Los valentones de la opinión acusan a los moderados de no querer enfadar a nadie. Lo que muchas veces ocultan es que la moderación suele ser una receta imbatible para decepcionar. Para los promotores de las cosmovisiones totalizantes, el moderado es un impuro, un cobarde, un traidor, un topo. La única manera de mantenerse a salvo en un contexto de agresividad creciente es buscar refugio en algún grupo que pueda brindar una suerte de identidad y una bandera, pero quien dude será de seguro anatemizado como un hereje, que todo el mundo sabe que es peor que un verdadero ateo. Para el conservador engorilado, no hay nada más despreciable que la derechita cobarde. Para el izquierdista embravecido, no pueden existir matices que atemperen su doctrina sin traicionar la causa.

Más allá de esa valentía práctica, que todos podemos reconocer, existe una experiencia aún más íntima, más sutil y menos visible del valor de la moderación. En una circunstancia de intimidación generalizada podrían existir formas discretas de disidencia en las que cada ciudadano se sintiera capacitado para construir un pensamiento propio, aunque no siempre se atreviera a exponerlo en público. Es lo que ocurre, por ejemplo, en muchas dictaduras, donde se habilitan espacios privados y discretos para la deliberación o la mera reflexión disidente. Sin embargo, en el estado actual de beligerancia es muy probable que incluso el pensamiento autónomo que desarrollamos en estricta soledad se encuentre amenazado. El mecanismo de dominación se ha hecho mucho más sutil y se ha instalado capilarmente en nuestra propia conciencia. Por este motivo, la valentía no es solo una virtud pragmática propia de quienes están dispuestos a correr ciertos riesgos en el ámbito de la acción. Si tu ideología lo es todo, jamás podrás arriesgarte a quedarte sin nada. A veces protegemos nuestras ideas no porque sean atinadas, sino porque son lo único valioso que tenemos en nuestra vida en ruinas.

El poeta Horacio acuñó un lema que todavía reclama una extraordinaria vigencia:

Sapere aude. Esta exhortación acostumbra a traducirse como «Atrévete a pensar» o «Atrévete a saber», y si hoy aún la conocemos es porque Immanuel Kant la retomó muchos siglos después. En 1784, la *Revista Mensual Berlinesa* (*Berlinische Monatsschrift*) formuló una pregunta a distintos intelectuales: ¿qué es la Ilustración? El genio de Königsberg ofreció una respuesta que acabó por convertirse en el paradigma del pensamiento libre. Para Kant, la Ilustración es la liberación del ser humano de su culpable incapacidad o minoría de edad. Esa incapacidad se describe como la imposibilidad de servirse de la inteligencia sin la guía de otro, y la causa no es otra que la dolosa cobardía. Es la falta de valor, y no ningún otro tipo de merma o hándicap, lo que nos impide hacer uso de nuestras propias luces. Para el autor de las tres *Críticas*, el lema de la Ilustración nos exhorta a tener el valor de servirnos de nuestra propia razón.

Para atrevernos a pensar es imperativo despedirnos de un doble refugio. Ya dijimos que la primera protección de la que debemos prescindir es la que nos procuran nuestras certezas. Concederles la condición de inamovibles a nuestras convicciones y asumir como incuestionables los axiomas que rigen nuestra vida o nuestra identidad política equivale a renunciar a que la realidad o un mejor argumento puedan hacernos cambiar de opinión. Esa cobardía no solo es incompatible con el ejercicio responsable del pensamiento, pues cualquier certeza debería estar sometida a una crítica ulterior. En el ámbito político, además, habida cuenta de que estamos insertos en un contexto en el que conviven opiniones diferentes, la exposición de nuestras convicciones a la crítica es una forma de evidenciar nuestro respeto y nuestro aprecio por los otros. Solo hay dos maneras de procurar una convivencia pacífica: a través de la violencia totalitaria, que impone una única manera de pensar; o mediante la construcción de un contexto de disidencia respetuosa en el que puedan convivir personas que piensan de manera diferente. Qué grado de diferencia puede tolerar una comunidad política en su seno es otro asunto rabiosamente pertinente, pero que excede el objeto de este pequeño ensayo.

El *sapere aude* kantiano, además de conminarnos a pensar de forma autónoma y a confiar en la razón, exigiría prolongar esa valentía al ámbito de la palabra pública. Una democracia liberal es, entre otras muchas cosas, un régimen de opinión al que los ciudadanos debemos comparecer mostrando una disposición favorable a decir lo que pensamos, de forma veraz, prudente y respetuosa. Frente al «no te signifiques políticamente» que con tanto miedo aconsejaban nuestros abuelos, la toma de posición prudente es hoy casi una exigencia. Incluso en el ámbito científico, en muchas ocasiones una opinión que comenzó siendo minoritaria acabó por demostrarse superior a sus alternativas, por lo que fomentar la expresión de las opiniones impopulares, como son las ideas moderadas en tiempos de polarización, debería convertirse poco más o menos que en un imperativo metodológico. Es cierto que algunos populismos o formulaciones radicales intentaron validarse en sus orígenes como expresiones valientes, genuinas y hasta políticamente incorrectas. Sin embargo, ya insistimos en que la moderación no tiene tanto que ver con el objeto de una ideología como con la fórmula empleada para su defensa y en que, sobre todo, atañe al modo en el que nos relacionamos con aquellos que defienden ideas contrarias a las nuestras o que incluso podemos despreciar. La moderación no es un lugar del espectro político: es una «manera», una disposición afectiva o una actitud que nos lleva a defender las opiniones personales de un determinado modo y que nos invita, en especial, a conceder una cierta probabilidad al error propio y al acierto ajeno.

La valentía no solo encuentra su contrario en la cobardía. Con frecuencia, su verdadera némesis es su simulación. Los excesos de la corrección política han generado una reacción contraria que ha elevado de manera absurda la provocación a virtud intelectual. Que haya verdades escandalosas no quiere decir que todo lo escandaloso sea verdad. Del mismo modo, que sea deseable estar dispuesto a defender una tesis impopular no hace más probable que una opinión minoritaria sea atinada o ajustada a la realidad. Hay estupideces que son incorrectas políticamente, y la provocación permanente no es más que la forma en la que se expresa una cierta adolescencia intelectual. La provocación gratuita, las más de las veces, no aspira a otra cosa que a travestirse de audacia. Este es otro abuso que encontramos a ambos lados del espectro ideológico. Así, por ejemplo, cada cierto tiempo hay quien se considera heredero de Voltaire por hacer un chiste anticlerical en pleno siglo XXI o por hacer una película que defienda la eutanasia, legalizada ya en tantos países. Del mismo modo, hay personas a las que les parece una travesura heroica desafiar la corrección política desde, pongamos por caso, una página web sufragada por un partido de ultraderecha. Contextos todos en los que la épica fingida usurpa a la verdadera valentía su propio protagonismo.

La polisemia del término griego *lógos* nos permite concebir una misma valentía para el pensar y para el decir. De vuelta a Nietzsche, podríamos asumir que ese pensar y decir a la contra no exige establecer una oposición frente a otras formas de pensamiento, sino, más ambiciosamente, contra el propio tiempo. Pensar de verdad es pensar de forma intempestiva, esto es, pensar contra tu época. Sin embargo, combatir el espíritu de tu tiempo jamás puede consistir en abrazar a uno de los actores de la contienda de moda. Impugnar la tendencia de un contexto histórico concreto exige siempre cuestionar de raíz el paradigma en el que se discute, por lo que, en tiempo de polarización y extremismo, no habría nada más valiente que defender la moderación. Basta constatar cuáles son los intereses del poder real (político, económico y mediático) para confirmar que ese poder nos quiere, sobre todo, polarizados. El enfrentamiento, la tensión social y la discusión airada son un escenario favorable a los intereses económicos de las redes sociales, pero encarnan también una tentación para los medios tradicionales y para una generación de políticos que, cuando no son nefastos, sí se ven al menos seducidos por las prácticas que impone la democracia mediática.

Existe un último fenómeno que tiende a debilitar las posiciones ponderadas o prudentes en un contexto de polarización. Hay circunstancias en las que el gregarismo ideológico o intelectual no solo tiene que ver con la administración del miedo por parte de un grupo o con el abrigo que procuran la masa y las cadenas. En ocasiones, la exaltación ideológica o el radicalismo acrítico no son más que la consecuencia de una mera pereza intelectual. La situación es paradójica: en un tiempo histórico en el que estamos expuestos a una persistente transformación social, política y tecnológica, cada vez nos sentimos menos dispuestos a inaugurar nuevos marcos de pensamiento o a ejercer una mínima creatividad categorial a la hora de interpretar la realidad. Alexis de Tocqueville demostró una gran precisión en el comienzo de *La democracia en América* cuando señaló que un mundo nuevo requeriría una ciencia política nueva. De algún modo, el pensador francés ya intuía en 1835 que estaba siendo testigo de una realidad renovada que no podría entenderse con los conceptos clásicos de la tradición política. Estaba en lo cierto, la Revolución francesa y sus ecos posteriores sirvieron, entre otras muchas cosas, para inaugurar una gramática y un léxico políticos enteramente novedosos. Lo que en muchas ocasiones olvidamos es que aquel nuevo lenguaje padecería su propia obsolescencia. Aquella fecundidad creativa, que impactó tanto en la lengua y las costumbres –a veces de manera terrible–, hizo posible que las nuevas palabras sirvieran para designar una realidad también recién nacida.

Todavía hoy somos herederos del lenguaje revolucionario cuando nos situamos en un eje de izquierda y derecha. Incluso la misma idea de revolución se ha convertido en una especie de fetiche nominal para gran parte de la izquierda. Es posible que ya desde Maquiavelo se viniera renovando el vocabulario político, pero 1789 sigue reivindicándose casi como el kilómetro cero o como el metro patrón con el que mesuramos la realidad en el siglo XXI. Incluso las lecturas críticas que a lo largo del pasado siglo XX se hicieron de la Ilustración sostuvieron una comprensión mítica de aquella experiencia. En nuestros días, el pensamiento liberal está intentando interpretar las paradojas de la libertad de expresión en las redes sociales sirviéndose de Locke o de Voltaire, e intentamos explicar las aporías del mundo digital con las mismas palabras con las que se hizo posible la Independencia de Estados Unidos. El resultado es por fuerza decepcionante. Seguimos haciendo uso de significados antiguos no ya por su valor clásico e imperecedero, sino por una veneración retrospectiva: rendimos homenaje a cuños lingüísticos y conceptuales que fueron novedosos hace doscientos años solo porque entonces resultaron certeros. Pero es obvio que la palabra «libertad» (o «derecho», o «democracia») no puede seguir significando lo mismo que para, pongamos, Benjamin Constant. Creo que ni siquiera de la mano de Friedrich Hayek o Isaiah Berlin podríamos resolver las tensiones de la democracia liberal contemporánea. No somos más torpes, ni más necios, ni más obtusos que los seres humanos que vivieron entonces. Es posible, sin embargo, que estemos más cansados o que padezcamos, al menos, otra suerte de fatiga.

Mientras sea más sencillo ubicarse identitariamente en un nicho ideológico que crear un espacio propio, el sedentarismo intelectual será siempre una tentación. Si todos y cada uno de nosotros tuviésemos que inaugurar a cada paso un sistema de pensamiento y una acción política, la circunstancia sería invivible, pero puede que el mayor problema se encuentre en que nuestras élites académicas, mediáticas e intelectuales están atravesadas por esa misma morbilidad. No me atrevo a concluir si es un agotamiento legítimo o una pereza inducida. En cualquier caso, asumir una adscripción ideológica ortodoxa basándonos en categorías más o menos clásicas nos ahorra la necesidad de pensar. Si uno es de izquierdas por aprecio a la justicia social, se verá inclinado de inmediato a asumir el resto del paquete ideológico y se descubrirá defendiendo el aborto o cierto anticlericalismo. De igual modo, si uno se define conservador, es posible que por añadidura se descubra impugnando el intervencionismo estatal sin que exista una relación causal entre ambas posiciones. El siglo xx nos regaló un sinfín de pensadores intersticiales como Pier Paolo Pasolini, Raymond Aron, Simone Weil o Clara Campoamor. Cada uno de ellos podría ubicarse en el eje izquierda-derecha, pero, al mismo tiempo, todos valdrían para impugnar ese marco. Fueron intelectuales valientes en la medida en que no tuvieron miedo de decepcionar a los suyos y se sintieron capaces de crear un marco de pensamiento propio. Fueron, también, pensadores enérgicos que encontraron el ánimo y la fuerza para intentar pensar de otra manera. Decidieron ser legisladores de su propia reflexión y cartografiaron la realidad política de una forma novedosa y personal. Asumiendo riesgos y, por supuesto, pagando por sus errores y en especial por sus aciertos.

No todo está perdido. Al contrario de lo que sostienen algunos analistas, creo que el marco izquierda-derecha sigue explicando algunas cosas y es, desde luego, una clave que nos permite identificar de manera inmediata ciertas premisas morales en nuestros interlocutores. Se equivocan quienes aspiran a impugnar de forma definitiva ese eje, aunque también sospecho que es impreciso si queremos convertir esta distinción en un principio totalizador. Es más, gran parte de los desafíos contemporáneos son por completo ajenos al eje izquierda y derecha. Por ejemplo, cualquier genealogía veraz del pensamiento ecologista se topará muy pronto con premisas conservadoras, y debates contemporáneos como el de la abolición de la prostitución pueden suscitar un acuerdo entre la democracia cristiana y el socialismo democrático. Es sintomático que esos lugares de encuentro hayan quedado deliberadamente excluidos de la agenda política para exacerbar el antagonismo agresivo. Y sobre todo, no es casual. La lógica populista exige que la política se desarrolle en un marco de enfrentamiento y oposición, próximo al desacuerdo (la *mésentente*) que tematizaron Jacques Rancière o, tantos siglos atrás, el propio Maquiavelo. A este respecto, la retórica del muro inaugurada por Pedro Sánchez resulta paradigmática en su claridad. Si toda posición política es resumible en una simple disyunción entre dos opciones, la tentación de demonizar una de las posibilidades siempre será seductora. Por mala que sea una propuesta, si su alternativa se caricaturiza como una forma del mal absoluto y se niega la existencia de vías alternativas, estaremos anulando la verdadera capacidad de elección.

Por miedo, por pereza, por gregarismo y, por qué no añadirlo también, en ocasiones por pura incapacidad, parecemos abocados a situarnos de forma total y acrítica dentro del espectro político. A cuerpo perdido. Cuando se consolidó el eslogan de Carol Hanisch de que lo personal es político, algunos creyeron que era una buena idea cargada de potencia emancipadora. Sin embargo, la politización de todos los aspectos de nuestra vida (la dieta, el ocio, el sexo), acompañada del estímulo omnipresente de la discusión en las redes sociales, nos ha conducido a una suerte de neurosis colectiva que nos sitúa en un persistente estado de alerta. La sensación de amenaza aumenta al tiempo que cada vez nos sentimos más débiles. En el fondo es lógico: si nuestras opciones políticas dejan de ser consecuencia de una deliberación racional genuina, provista por supuesto de legítima emotividad, y comienzan a convertirse en instrumentos identitarios que pautan cómo debemos comportarnos incluso en nuestras acciones más privadas, el grado de fusión con nuestras ideas correrá el riesgo de convertirse en algo patológico. Si establecemos una identidad total con nuestras ideas políticas y, además, les concedemos la condición de ser inmutables y las extendemos por todas las esferas de la vida, incluso las más íntimas o espontáneas, estaremos condenándonos a vivir en un estado de alerta permanente ineludible, ya que toda crítica razonable a nuestros presupuestos políticos se interpretará como una agresión casi existencial.

La erosión de la conversación pública ha quebrado un presupuesto esencial de la democracia liberal como es la deliberación. En un debate racional y sincero, cualquier persona sería capaz de cambiar de opinión y todos los interlocutores estarían dispuestos a expresarse con cierto escepticismo y una mesura prudencial. Sin embargo, si convertimos la deliberación política en una lucha agonística en la que se finge –hasta hacerlo verdadero– un combate a vida o muerte, es muy posible que cualquier conversador se muestre dispuesto a rebasar todo límite. Incluso el de la violencia. Un disenso puntual no es un duelo, ni tan siquiera una contienda. Vivimos en sociedades abiertas y complejas no solo por una convención pragmática, sino porque hemos naturalizado que existen distintos ideales de vida que pueden ser legítimos y que existen mecanismos de debate y confrontación que nos permiten comparar y elegir por qué principios queremos regirnos. Las democracias liberales no son, sin embargo, meras estructuras formales o institucionales, y, por más que Kant confiara en ello en 1795 (en 1784 todavía tenía dudas), es muy probable que no pueda construirse una constitución perfecta para un pueblo de demonios. La convivencia democrática no se resuelve solo con buenas leyes: exige una interiorización, otra vez Tocqueville, de ciertos hábitos del corazón.

Nuestras democracias son, todavía, institucional y jurídicamente solventes. Desarrollamos nuestra vida en un marco legal respetuoso con las libertades fundamentales y aunque no pocos gobernantes tienden a estresar la separación de poderes y a criticar la incidencia de la justicia independiente en el poder ejecutivo y el legislativo, fragilidad de nuestros sistemas democráticos no se debe a su constitución normativa. Uno de los rasgos en el que creo que la tradición republicana se demuestra mucho más atinada que el liberalismo clásico es su ambición moral. Es cierto que las raíces de ambas corrientes son comunes y que hay autores que podrían incardinarse tanto en el republicanismo como en el liberalismo. Sin embargo, mientras la tradición liberal insistió preferentemente en la limitación del poder absoluto, fuera quien fuera el titular de este, y en la defensa del individuo, la tradición republicana siempre ha mantenido un compromiso específico con ciertas formas de virtud y con un ideal concreto de ciudadanía. En el liberalismo, el pluralismo es ya un fin en sí mismo y es la consecuencia necesaria de defender la concurrencia de distintos ideales de vida. La tradición republicana sigue confiando en la existencia de formas de vida más logradas, pero asume que la pluralidad de criterios y la deliberación pública sobre la virtud son el camino más justo, y más inteligente, para poder llegar a conclusiones morales acertadas. Hay veces en las que la línea que separa el saludable escepticismo del nihilismo es casi indiscernible.

Para cierta tradición republicana, además, el acento de la constitución política no se pone solo en la condición formal de una democracia, sino que exige una mayor carga sustantiva en su asertividad moral. Las comunidades políticas no están compuestas más que de leyes, normas e instituciones. También están atravesadas por un factor humano que resulta imprescindible. Así, por ejemplo, Tucídides señaló aquello de que «los hombres hacen la ciudad», recordándonos que una *pólis* no puede identificarse de forma simple con un territorio o con un ordenamiento jurídico. España, pongamos por caso, no es su Constitución ni la silueta que trazan sus fronteras. España sería indistinguible del conjunto de ideas, sentimientos, terrores o propósitos que albergan los españoles. Esta dimensión humana es, probablemente, la condición de nuestra realidad política que se encuentra en un momento más crítico. Es por ello por lo que se revela indispensable rehabilitar un cierto compromiso cívico con determinados valores como la moderación o la valentía para intentar reconstruir las condiciones afectivas y emocionales que no solo hacen posible la democracia, sino que la hacen deseable de verdad.

Si la democracia aspira a ser algo digno de aprecio, debe anhelar ser algo más que un protocolo de agregación de preferencias y representación pública. Detrás de las decisiones, buenas o malas, en el origen de cualquier crisis imaginable o entre las causas de la inestabilidad social y política que vivimos, encontramos una y otra vez el mismo elemento: personas. Personas que sufren, sienten, aman y odian. Personas que han recibido una instrucción moral desde que eran niños. Personas que han construido, al igual que cada uno de nosotros, su identidad ideológica no siempre a partir de procesos racionales o a golpe de lectura. Detrás de todo lo que somos, las más de las veces hay complejos, prejuicios, daños fraguados en el patio del colegio o traumas irresueltos que apuntalan una constelación de valores con los que interpretamos el mundo.

Reconstruir unas condiciones de vida que permitan aspirar a biografías más logradas es fundamental para poder construir una convivencia política más próspera y una conversación pública más veraz y realista. Los mejores sistemas políticos no son lo que nos permiten vivir con más comodidad o convertirnos en ciudadanos felices, como soñaron todos los utopistas clásicos. Hay también una relación inversa: es un cuerpo ciudadano con vidas maduras, responsables y solventes lo que podrá hacer aportaciones más prudentes y desprejuiciadas sobre la realidad. Una sociedad radicalizada, con los nervios destrozados por la neurosis permanente o sometida a conductas adictivas con las redes sociales difícilmente va a poder procurarnos la construcción de una virtud civil. Una de las esencias de la democracia liberal es que los compromisos morales, en general, no se imponen desde el gobernante hacia la sociedad, sino que es la sociedad la que eleva y proyecta sobre quienes gobiernan una serie de exigencias y compromisos mínimos con los que se identifican.

Que debamos asumir que existen muchos ideales de vida legítimos tampoco debería impedirnos aceptar que el debate sobre qué formas de vida consideramos más valiosas pueda ser no solo aceptable, sino imprescindible. La radicalidad, la exaltación o la agresividad en la conversación pública son rasgos del carácter que podemos cuestionar, precisamente, porque somos capaces de confrontarlos con actitudes que nos parecen mejores y más valiosas. Y si creemos oportuno criticar las consecuencias de la polarización, es porque podemos imaginar disposiciones del disenso más provechosas y complejas.

La incertidumbre del próximo ciclo

Si en algo coinciden casi todos los analistas de la realidad contemporánea es en que nos encontramos ante un cambio de época. Algunos, como Patrick Deneen, cuestionan desde marcos conservadores la obsolescencia del paradigma liberal y apelan explícitamente a un cambio de régimen. El populismo de izquierdas, con Ernesto Laclau y Chantal Mouffe a la cabeza, propone la necesidad de transgredir los límites de las democracias liberales, cuando no la democracia constitucional, desde hace al menos una década. El descontento de las nuevas generaciones, sobre todo a partir de la gestión de la COVID-19 y sus secuelas, ha creado un clima de desafección democrática, y los políticos de distinto signo se acusan unos a otros de estar desactivando los mecanismos de control y los pesos y contrapesos que habían caracterizado a los sistemas constitucionales. El contexto geopolítico actual está expuesto a una extraordinaria volatilidad y, aunque nadie sabe qué ocurrirá en el futuro, todo el mundo asegura que nos hallamos ante el final de algo. El arrastre de los grandes movimientos históricos genera una inercia casi irrefrenable, y mientras nuestra atención diaria se concentra en escándalos locales, Occidente parece estar minando los pilares sobre los que se había asentado la convivencia democrática. Las viejas jerarquías académicas y mediáticas han perdido su credibilidad y la irrupción de la mano fuerte de magnates tecnológicos como Elon Musk está inaugurando un escenario radicalmente nuevo en la construcción de la opinión pública. Todo apunta a que un nuevo orden mundial llama a las puertas y que gran parte de las premisas que dábamos por sentadas en nuestra convivencia política acabarán cuestionándose.

Si a nivel global parece anunciarse un cambio radical de modelo, en el ámbito más doméstico, los rasgos de las nuevas maneras de hacer política empiezan a hacerse evidentes. En España, durante mucho tiempo, imperó un paradigma de convivencia basado en la Transición democrática operada a partir de 1978. La concordia no fue siempre una característica omnipresente, pero se construyó una mitología útil alrededor las cesiones recíprocas, la memoria compartida y la reconciliación. Independientemente de dónde situemos la ruptura de este marco, es evidente que al menos desde 2015 se practica una crítica decidida no solo contra la literalidad del texto constitucional sino, sobre todo, contra la premisa emocional que la hizo posible. La cultura del consenso y la concordia, basada en el clásico modelo armonicista que hace de la convivencia pacífica un fin político, dio paso a una fase de impugnación de lo que sus críticos denominaron el candado del 78. Si el cuadro *El abrazo* de Genovés pudo resumir la primera fase de la Transición, en el siglo XXI comenzó a permear una forma de ejercer la política basada en un enfrentamiento agonístico que sigue la lógica del amigo-enemigo descrita por Carl Schmitt. Hemos vuelto al *Duelo a garrotazos* de Goya.

La ya mentada rentabilidad de la polarización, la sucesión de crisis económicas que han mermado el horizonte de expectativas de al menos dos generaciones, la escasa capacidad de la democracia liberal para cumplir sus promesas y la revolución tecnológica han dibujado un nuevo contexto en el que las amenazas, reales o fingidas, parecen multiplicarse. La esperanza en el futuro se ha visto impedida y los apologetas de la inestabilidad y la fractura de la subjetividad contemporánea han obtenido sus frutos. Pocas cosas parecen más ciertas que la proliferación de un creciente malestar que nos mantiene cada vez más en guardia. Esta fragilidad propia de nuestro tiempo nos ha inoculado una sensación de alerta permanente que nos atenaza en forma de ansiedad e incertidumbre. Crece el miedo que sentimos y, según pasa el tiempo, es más difícil preludiar un futuro mínimamente estable o previsible.

En una circunstancia semejante es complicado conservar la prudencia en el juicio y cultivar una conversación pública libre, ponderada y provista de mesura. Las tribus respectivas tocan a rebato y la necesidad de encontrar un cobijo nos obliga a abandonarnos a cualquier compañía. En este contexto, intentar apelar a una forma ordenada de disenso parece una tarea improbable. Y apelo al disenso porque creo que, en gran medida, el afán por construir consensos también ha resultado abusivo. Los grandes acuerdos no son solo la expresión de una generosidad fraterna. A menudo no son más que la consecuencia de un luto y el resultado de un dolor prolongado por la agresividad recíproca. A veces nos hacemos tanto daño durante tanto tiempo que nos sentimos obligados a parar. En esas ocasiones, que puede que sean todas, el pacto no es más que un armisticio, la pausa transitoria entre dos nuevos enfrentamientos. Precisamente por ello, las sociedades plurales deberían aspirar a algo más que a fortalecer los consensos obligatorios. El último valor de la democracia no es el acuerdo, sino el disenso ordenado; tampoco el conflicto ni, por supuesto, el combate.

La valentía que exige la moderación impugna la decepcionante dicotomía en la que tendemos a resumir nuestras posturas políticas. La renuncia a la lógica de los bandos es de verdad valiosa no cuando se ejerce por una pacata beatería, sino cuando nace por el amor a la genuina libertad. Acoger la diferencia de forma definitiva exige inaugurar a cada paso las convicciones con las que se vertebra nuestra convivencia y nuestra propia existencia. Una ciudadanía responsable exige pensar a cada paso. Vivir una vida auténtica exige rebelarse y desafiar a aquellos que aspirarían a contarnos entre los propios, y esa forma de estar en el mundo siempre acarrea un riesgo, pues muchas veces requiere decir no, como el hombre rebelde de Camus. Ni siquiera es una tarea individual o privada, eso sería demasiado egoísta. Nuestro país y toda comunidad política que aspire a proteger la convivencia democrática tiene que procurar unas condiciones razonables para que existan ciudadanos libres de forma mayoritaria, y esta virtud no es solo la tarea de cada persona consigo misma, sino de todos con todos y para todos.

Es una opción llenarlo todo de palabras, pero las condiciones materiales son clave. Un periodista que desempeña su labor en un contexto de precariedad nunca será libre. Una cabecera que no goce de autonomía y solvencia financiera estará sometida sin remedio al poder económico y político. Un medio de comunicación que sea rehén de una tribu ideológica embravecida nunca podrá facilitar el desarrollo de opiniones plurales y cultivadas. Una persona quebrada y desesperada será mucho más vulnerable y estará más expuesta a la radicalidad que impone el rebaño.

Los signos de nuestra época no parecen especialmente propicios, y en España cada vez se hace más improbable la reconstrucción de una deseable amistad civil. Sería alentador confiar en que tras este ciclo político nos aguarde una oportunidad para la reconstrucción, pero se ve lejana por el momento. La inercia que nos arrastra parece más potente que la capacidad de acción de nuestros mejores hombres y mujeres, y es como si el curso de la historia atendiera a una lógica ajena a nuestra voluntad. No existe ningún indicio que nos permita pensar que la política volverá a reclutar el talento más fecundo ni cabe imaginar que nuestros medios de comunicación comiencen a reivindicar la plena independencia o un mayor pluralismo. Sería injusto concluir que todo está perdido, pero sería poco realista abrazar un optimismo futuro desprovisto de cualquier fundamento.

En cualquier caso, y por más que pueda resultar inútil, o precisamente por la potencia estética que comporta la renuncia a toda utilidad, tal vez merezca la pena consagrar la moderación como el principio que distinguió a quienes fueron valientes en un mundo que se acababa. Chateaubriand concluyó sus *Memorias de ultratumba* asumiendo su derrota en la defensa de una causa que evidentemente hoy puede parecernos ajena. Aquel genio conservador vio cómo la historia de Francia se acompasaba con su propia biografía y constató que los últimos días de su vida coincidirían con el fin del mundo por el que tanto había luchado y escrito. Que la monarquía agotara su futuro no le impidió defenderla hasta el final, identificándose con esa escultura de Lucerna en la que un león moribundo rinde homenaje a los soldados que intentaron proteger sin éxito la vida de Luis XVI. La bestia tallada en piedra yace sin vida, alanceada mortalmente, pero abrazada al escudo monárquico de una dinastía agotada. No estoy seguro de que aquel león, aquellos soldados o, por supuesto, Chateaubriand pudieran considerarse derrotados por completo. Más allá de que su propósito fuera o no acertado, siempre hay una última dignidad en el hecho de seguir defendiendo una causa que alguien considera justa, aunque esté perdida.

La defensa de la amistad civil, de la armónica discordia y de la prudencia política son en nuestros días objetivos de improbable éxito. Es muy posible que tengamos que volver a hacernos daño para recuperar el valor de la paz y la palabra. Defender esa cordura y hasta la magnanimidad con quien puede desafiar nuestros principios no tiene nada de cobarde, sino que, como se ha intentado exponer en estas páginas, exige una forma antigua de valentía. Valdría la pena remendar las palabras de Michael Oakeshott y concluir, alterando su cita, que cabe ser moderado en política para poder ser radical en todo lo demás. Estoy convencido de ello. La agresividad es siempre consecuencia del miedo. Y solo temen, como sugirieron Platón y algún otro texto antiguo del Mediterráneo oriental, aquellos que no aman.

«Para viajar lejos no hay mejor nave que un libro».

Emily Dickinson

Gracias por leer este libro.

En **penguinlibros.club** encontrarás las mejores
recomendaciones de lectura.

Únete a nuestra comunidad y viaja con nosotros.

penguinlibros.club

Penguin
Random House
Grupo Editorial

 penguinlibros